DIARI E MEMORIE
XXVI

Libri bianchi
2

Nonno raccontami

IL LIBRO BIANCO DELLA MEMORIA

a cura di
FRANCESCO MARINI

sarnus

I edizione: settembre 2013
Ristampe: dicembre 2013, settembre 2014, gennaio 2015,
settembre 2015, dicembre 2015, maggio 2016, dicembre 2016, settembre 2017,
dicembre 2017

www.sarnus.it

© 2013 Edizioni Polistampa
  Via Livorno, 8/32 - 50142 Firenze
  Tel. 055 737871 (15 linee)
  info@polistampa.com - www.leonardolibri.com

ISBN 978-88-563-0153-3

Nota dell'Editore

Ho pubblicato *Nonna raccontami* di Francesco Marini subito, "a prima vista": era un libro piuttosto anomalo e presupponeva una buona dose di coraggio. Il successo è andato oltre ogni aspettativa e alla prima ampia tiratura del maggio 2013 ne sono immediatamente seguite altre. Con meraviglia una domenica mattina, sfogliando un quotidiano, ho trovato il Marini perfino in classifica nazionale. Era quindi necessario proseguire su quella strada dando vita a un quaderno pensato apposta per il nonno di Francesco e quindi per tutti i nostri nonni. Il libro ricalca, come è ovvio, il precedente, ma le domande e le risposte prenderanno subito un'altra piega, se è vero che a quei tempi la vita e i ruoli dei maschi e delle femmine erano assai diversi.

Finisco con alcune considerazioni telegrafiche, per non annoiare chi avesse letto il primo libro bianco: 1 - Le cose semplici sono le più belle. I sentimenti qualche volta funzionano, anche in editoria. 2 - La memoria scritta resta sempre. Se quella orale è più labile, quella digitale è spesso un'illusione: apparentemente eterna, si rivela nei fatti un disastro. 3 - Scrivere alcune righe a penna non vuol dire mettersi in testa di comporre un'opera rivolta a migliaia di lettori. 4 - Spero che gli italiani (popolo di scrittori, a quanto si dice) imparino il valore della lettura e della scrittura, senza necessariamente ambire alla pubblicazione.

Questo libro è anche il nostro modo di celebrare la Festa dei Nonni. Buona scrittura e viva il nonno!

l'Editore
Antonio Pagliai
settembre 2013

5

Nonno raccontami

Mio nonno faceva il Carabiniere. Indossò la divisa che aveva appena compiuto 18 anni, la ripose che ne aveva 60. Ha iniziato poi a coltivare la terra che era di famiglia e tuttora a 86 anni ogni mattina si sveglia molto presto e va a curare viti e olivi. Non ho memoria di mio nonno con la divisa, lo ricordo da sempre in campagna, anziano, a piegare le viti e a potare gli olivi.

Del resto chi si immagina il proprio nonno da giovane? La figura che tutti abbiamo in mente, un po' stereotipata, è quella di un anziano, magari un vecchio, con tanta saggezza, esperienza, buon senso e storie da raccontare che non ci si stancherebbe mai di ascoltare.

Chi, da piccolo, non ha mai ascoltato dalla viva voce dei propri nonni le storie del loro passato, di un passato tanto diverso dal nostro presente, le storie di tante cose belle e brutte, storie uniche e irripetibili? Storie di una vita che ci appare lontanissima anche se lontana poi non è.

La voglia di fare domande è grande: come era la tua famiglia, i tuoi genitori, i tuoi nonni? Dove sei andato a scuola? Come ti sei sentito quando hai dovuto lasciare la tua famiglia e il tuo paese in Sicilia? Come hai superato i momenti difficili della tua vita? Qual è stata l'emozione di diventare padre, e poi nonno?

Domande semplici e semplici risposte che vorremmo fermare nell'archivio della nostra memoria, raccontate da chi la storia l'ha fatta e vissuta, come piccolo tassello di un mosaico da ricomporre e rileggere per riscrivere una storia parallela e aggiuntiva a quella dei libri di scuola.

Nasce da qui l'idea di un diario, un "libro bianco della memoria" che raccolga in modo organizzato e personalizzato i racconti di tutti i nonni, i ricordi, le memorie, i pensieri, i sentimenti, i desideri mai confessati: un patrimonio da conservare e tramandare, scritto a mano con un'impronta personale, in grado di resistere nel tempo. Una storia unica per una persona unica.

Ho raccontato l'idea ad Antonio Pagliai, noto editore fiorentino che nel frattempo avevo avuto l'opportunità di conoscere: lui l'ha condivisa con entusiasmo ed è nato così *Nonna raccontami*, libro bianco della memoria di tutte le nonne.

Nonno raccontami segue di una lunghezza, e completa il ciclo.

Anche per il nonno si propone un quaderno per raccogliere le memorie, attraverso domande semplici ma significative secondo un percorso di riflessioni, pensieri e ricordi da vivere come protagonista. Le domande sono formulate secondo un percorso logico comune, avendo come riferimento i fatti storici importanti che hanno attraversato la vita del protagonista, lasciando poi che la fantasia, stimolata, si dipani in pensieri, riflessioni, ricordi anche disordinati.

Il diario si articola in più "quadri", con riferimento a passaggi fondamentali della vita di ciascuno: la nascita, la vita e i luoghi dell'infanzia, i momenti di vita comune in famiglia, cose del passato, ambienti, momenti particolari, la domenica e le prime gite. La scuola, la propria indipendenza e il matrimonio. Il lavoro e i viaggi. I momenti tristi e quelli felici, le persone che hanno contato.

Una parte è lasciata alla libera interpretazione di ciascuno, con fotografie, disegni e quanto altro per sottolineare momenti speciali, irripetibili e unici che ciascuno di noi in qualche modo ha vissuto.

Il quaderno si compone di domande brevi e dirette e di molto spazio per scrivere, righe bianche come un quaderno, da riempire passo passo. Se le righe non bastano, altre pagine nella parte finale del volume consentiranno di ampliare il testo a proprio piacimento.

Il Curatore
Francesco Marini
settembre 2013

Quaderno
di nonno

....

Sei un nonno speciale! Sia che tu abbia 40 anni che ne abbia 70 o 80, per i tuoi nipoti sei proprio un nonno speciale.

La tua vita è unica, la tua storia inimitabile: anche se non compare sui libri che si studiano a scuola, vale la pena di raccontarla e di farla conoscere.

Le pagine che seguono sono bianche e ti offrono questa opportunità: puoi rispondere alle domande o, se preferisci, seguire una traccia personale raccontando a modo tuo la tua vita e la tua storia.

L'importante è che resti come testimonianza uno scritto, un disegno, una fotografia, un ricordo tracciato con la memoria di chi la storia l'ha vissuta in prima persona.

Un regalo non si regala, ma questo è un caso particolare.

Quando avrai completato questo quaderno, fai partecipi i tuoi nipoti della tua esperienza e regala loro questo tuo racconto di una vita da "nonno".

Buon lavoro!

1
La famiglia

Quando e dove sei nato?

Quali eventi importanti sono accaduti nell'anno della tua nascita?

Quanti eravate in famiglia?

Come si chiamava tuo padre?

Dove era nato?

Quando era nato?

Ti ricordi i nomi dei nonni di tuo padre? Quando erano nati?

Come si chiamava tua madre?

Dove era nata?

Quando era nata?

Ti ricordi i nomi dei nonni di tua madre? Quando erano nati?

Come si chiamavano i tuoi fratelli? Dove e quando erano nati?

Dove abitavi da bambino?

Come era fatta la tua casa?

Avevi una stanza tua o la dividevi con qualcuno?

Ti ricordi come era arredata?

Avevi dei giocattoli?

Qual è il ricordo più bello di tuo padre?

Qual è il ricordo più bello di tua madre?

Ricordi qualcosa dei tuoi nonni?

La tua famiglia si riuniva spesso?

In quali occasioni?

Quale era la festa più importante?

Come te la ricordi?

Come festeggiavate il Natale?

Hai qualche altro ricordo della tua famiglia?

Racconta la tua storia preferita.

Albero genealogico

Fotografie

2

Vita quotidiana

Come si svolgeva una giornata tipo?

Quale giorno della settimana preferivi?

Perché?

Quale era la religione della famiglia?

In quale luogo di culto andavi a pregare?

Ti ricordi come si chiamava il parroco?

Cosa mangiavate normalmente a pranzo?

E a cena?

Cosa mangiavate normalmente la domenica?

Come passavate le serate a casa?

Quale era il tuo piatto preferito?

E quello che non ti piaceva?

Avevate qualche elettrodomestico in casa?

Quali?

Quando avete comprato il primo elettrodomestico?

Hai qualche ricordo particolare
della tua vita quotidiana?

Fotografie

3
Scuola e lavoro

Quanti anni avevi il primo giorno di scuola?

Ti ricordi il nome della scuola?

Quanti alunni eravate nella tua classe?

Ti ricordi il nome del tuo compagno di banco?

A che ora iniziavano le lezioni?

Quante ore di lezione facevate?

Andavate a scuola il sabato?

Quali erano le tue materie preferite?

Eravate in classi miste o divisi tra maschi e femmine?

Ricordi il nome del tuo maestro o della tua maestra?

Quali scuole hai fatto?

Cosa sognavi di diventare da grande?

Quali altri ricordi hai della scuola?

Qual è stato il tuo primo lavoro?
Come hai fatto a trovarlo?

Quanti anni avevi?

Qual è stato il tuo primo
stipendio? Come hai utilizzato i
soldi guadagnati?

Hai fatto altri lavori?

Ricordi quali?

Fotografie

4

Una vita insieme

Quando hai conosciuto la nonna?

Dove vi siete conosciuti?

Come vi siete conosciuti?

Come e dove hai chiesto alla nonna di sposarti?

Quando vi siete sposati?

Come avete festeggiato il matrimonio?

Siete andati in luna di miele?

Dove?

Quali ricordi hai?

Cosa hai provato a diventare padre?

Quali sono i ricordi più felici del matrimonio?

Quali sono i ricordi più tristi del matrimonio?

Fotografie

5
Padre di famiglia

Cosa e come è cambiata la tua vita
quando sei diventato padre?

Ricordi le canzoncine o le storielle
che raccontavi per la buona notte?
Raccontane una.

6
Tempo libero

Come passavi le tue vacanze?
Le passavi con i tuoi genitori?
Quanto duravano le vacanze?
Ricordi dove andavi?

Ricordi la tua prima vacanza?

Quali erano le tue letture preferite?

E il libro che hai amato di più?

Quali erano le tue avventure a fumetti preferite?

Avevate una televisione in
famiglia?

Quali programmi preferivi?
Di cosa parlavano?

Facevi qualche attività sportiva?
Come e dove la svolgevi?

Avevi qualche passatempo
particolare? Quale?

Sei stato protagonista di un
"episodio eroico" quando eri
giovane?

Qual è stata la tua più grande
"stupidaggine"? Ha avuto delle
conseguenze?

Fotografie

7

I grandi momenti della tua storia

La guerra mondiale 1939-1945.

Come hai vissuto la seconda guerra mondiale o cosa ti è stato raccontato?

Qual è stata la cosa che ti ha più spaventato? Ci sono episodi che hanno lasciato un segno nella tua vita? Vuoi raccontarli?

1969. Lo sbarco dell'uomo sulla Luna e gli anni del progresso tecnologico.
Cosa ti ricordi di quel giorno?

Con quale "invenzione" identifichi i progressi tecnologici di quegli anni?

Ti senti ancora partecipe della rivoluzione tecnologica di oggi? (Utilizzi qualche strumento della nuova tecnologia?)

Rivoluzione rock degli anni '70.
Che importanza aveva la musica nella tua vita di tutti i giorni?

Quale tipo di musica ascoltavi?

Quali i gruppi e i cantanti
preferiti?

Andavi a ballare? Ricordi
qualche episodio significativo?

1986. Cernobyl – L'energia nucleare.

Come e quando venisti a conoscenza dell'accaduto?

Quell'episodio ha cambiato il tuo modo di vedere l'energia nucleare?

1997. "La vita è bella", l'ultimo Oscar italiano.
Andavi al cinema da ragazzo?
Cosa ricordi del cinema di allora?

Quali sono i film che più ti sono piaciuti e quali i più significativi della tua vita?

Siamo arrivati al termine... e ora pensaci:
Qual è un episodio della tua vita che vorresti scritto nei libri di storia?

Le pagine che seguono sono bianche.

Puoi riempirle liberamente con i tuoi ricordi, riflessioni, pensieri, fotografie e quanto altro vorrai, oppure lasciarle vuote e riempirle in futuro.

Sei comunque una testimonianza del tuo tempo, hai fatto un pezzo di storia come Cicerone o Napoleone: raccontala ai tuoi nipoti, perché essi la raccontino ai loro.

Diari e Memorie

Finito di stampare
presso la tipografia editrice Polistampa
Dicembre 2017